La VIA del SUCCESSO

Guida alla

LEADERSHIP

Crafty Ink Manolo

INDICE

Sommario:

Capitolo 1: Introduzione alla leadership

In questo capitolo introduttivo, definiremo il concetto di leadership e spiegheremo l'importanza della leadership nella vita professionale e personale. Discuteremo delle diverse teorie di leadership e dei loro vantaggi e svantaggi.

Capitolo 2: Le competenze del leader

In questo capitolo, esploreremo le competenze necessarie per essere un leader efficace, tra cui la comunicazione, la gestione del tempo, la pianificazione strategica e la risoluzione dei problemi. Discuteremo di come sviluppare tali competenze e di come applicarle nella vita professionale e personale.

Capitolo 3: Stili di leadership

In questo capitolo, esamineremo i diversi stili di leadership, tra cui la leadership autocratica, la leadership democratica e la leadership trasformazionale. Discuteremo delle caratteristiche di ciascuno stile di leadership e dei loro vantaggi e svantaggi.

Capitolo 4: Leadership in team

In questo capitolo, esploreremo il ruolo della leadership in team e nella gestione del lavoro di gruppo. Discuteremo delle competenze necessarie per essere un leader di team efficace e di come sviluppare queste competenze.

Capitolo 5: Comunicazione nella leadership

In questo capitolo, esploreremo l'importanza della comunicazione nella leadership e delle competenze necessarie per comunicare efficacemente come leader. Discuteremo delle sfide che possono essere incontrate nella comunicazione nella leadership e dei modi per superare tali sfide.

Capitolo 6: Leadership nelle organizzazioni

In questo capitolo, esamineremo la leadership nelle organizzazioni, tra cui l'importanza della pianificazione strategica e della gestione del cambiamento. Discuteremo delle competenze necessarie per essere un leader efficace in un'organizzazione e di come sviluppare queste competenze.

Capitolo 7: Leadership e motivazione

In questo capitolo, esploreremo il ruolo della leadership nella motivazione dei dipendenti e delle persone a cui si fa riferimento. Discuteremo delle strategie per motivare gli altri come leader e dei modi per applicare tali strategie nella vita professionale e personale.

Capitolo 8: Etica e leadership

In questo capitolo, discuteremo dell'importanza dell'etica nella leadership e di come gli leader possono essere un modello di comportamento etico. Discuteremo dei valori etici fondamentali per un leader e delle sfide che possono essere incontrate nella leadership etica.

Capitolo 9: Leadership in situazioni di crisi

In questo capitolo, esploreremo il ruolo della leadership in situazioni di crisi e del modo in cui un leader può gestire la situazione in modo efficace. Discuteremo delle competenze necessarie per essere un leader efficace in situazioni di crisi e di come sviluppare queste competenze.

Capitolo 10: Leadership e diversità

In questo capitolo, esploreremo l'importanza della leadership nella gestione della diversità e dell'inclusione nel luogo di lavoro. Discuteremo delle sfide che possono essere incontrate nella leadership della diversità e dei modi per superare tali sfide.

Capitolo 11: Sviluppo della leadership

In questo capitolo finale, forniremo un riepilogo dei concetti chiave trattati nel libro e dei modi per sviluppare la leadership nella vita professionale e personale. Discuteremo di come sviluppare le competenze di leadership e di come applicarle nella vita quotidiana e professionale.

INTRODUZIONE:

Esploreremo l'importanza della leadership nella vita professionale e personale e fornendo consigli pratici su come sviluppare le competenze di leadership. Il libro copre vari argomenti, tra cui gli stili di leadership, la leadership in team, la comunicazione nella leadership e la leadership in situazioni di crisi. . Con l' augurio che questo libro possa aiutare i lettori a sviluppare le proprie competenze di leadership e raggiungere maggiori successi nella vita personale e professionale.

Capitolo 1: Introduzione alla leadership

La leadership è una parola che spesso si sente usare nel contesto lavorativo e professionale, ma cosa significa esattamente? La leadership è la capacità di ispirare, motivare e guidare gli altri verso un obiettivo comune. Essere un leader non significa solo essere un manager o un supervisore, ma piuttosto essere un individuo che ha la capacità di influenzare gli altri positivamente.

La leadership non è solo una competenza necessaria nella vita professionale, ma è anche importante nella vita personale. Ad esempio, i genitori sono spesso considerati leader delle loro famiglie, guidando i loro figli verso la crescita e il successo. La leadership può essere vista anche nelle relazioni interpersonali, dove una persona assume un ruolo guida e motiva l'altra persona a raggiungere obiettivi personali o di coppia.

La leadership è un concetto che ha radici nella storia umana. Da tempi antichi, la leadership è stata considerata una competenza fondamentale necessaria per guidare gruppi di persone in battaglia, per la sopravvivenza o per il successo. Oggi, la leadership è considerata un'abilità fondamentale in qualsiasi settore, dal business alla politica, dall'educazione alla salute, al volontariato e all'associazionismo.

Le teorie di leadership sono state sviluppate nel corso degli anni e continuano ad essere oggetto di studio e discussione. Alcune teorie sostengono che la leadership sia basata sulla personalità del leader, mentre altre teorie sostengono che la leadership sia basata sul comportamento del leader. Alcune teorie si concentrano sulla situazione o sul contesto in cui avviene la leadership. In sintesi, il libro sulla leadership sarà una guida completa per chiunque voglia sviluppare le competenze di leadership nella vita professionale e personale.

Capitolo 2: Le competenze del leader

Essere un leader efficace richiede un insieme di competenze che vanno al di là del semplice talento naturale. Le competenze del leader possono essere apprese e sviluppate, e la loro acquisizione richiede tempo, dedizione e perseveranza. In questo capitolo, esamineremo le competenze chiave che ogni leader deve possedere.

Comunicazione: La comunicazione è una competenza fondamentale nella leadership. Un leader deve essere in grado di comunicare in modo chiaro, efficace ed empatico, sia oralmente che per iscritto. La comunicazione non riguarda solo la trasmissione di informazioni, ma anche la capacità di ascoltare attentamente, di porre domande appropriate e di rispondere in modo appropriato alle preoccupazioni degli altri.

Gestione del tempo: La gestione del tempo è un'altra competenza essenziale per la leadership. Un leader deve essere in grado di pianificare, organizzare e gestire il tempo in modo efficace per massimizzare la produttività. Ciò include la capacità di stabilire priorità, di definire obiettivi e di creare un piano d'azione per raggiungerli.

Pianificazione strategica: La pianificazione strategica è una competenza cruciale per la leadership. Un leader deve avere la capacità di definire la visione, la missione e gli obiettivi dell'organizzazione e di sviluppare un piano d'azione per raggiungerli. Ciò include l'identificazione delle risorse necessarie e la gestione dei rischi.

Risoluzione dei problemi: La risoluzione dei problemi è un'altra competenza fondamentale per la leadership. Un leader deve essere in grado di identificare i problemi, analizzarli in modo critico e sviluppare soluzioni efficaci. Ciò richiede la capacità di pensare in modo creativo e di trovare soluzioni innovative.

Empatia: L'empatia è una competenza fondamentale nella leadership. Un leader deve essere in grado di mettersi nei panni degli altri e di comprendere le loro preoccupazioni, le loro sfide e le loro aspirazioni. L'empatia permette al leader di creare un ambiente di lavoro positivo e di sviluppare relazioni efficaci con i membri del team.

Come sviluppare le competenze del leader: Sviluppare le competenze del leader richiede impegno e costanza. È possibile sviluppare le competenze del leader attraverso l'esperienza, la formazione e l'apprendimento continuo. Ci sono anche molte risorse disponibili, come i libri, i corsi di formazione, i mentor e i coach, che possono aiutare a sviluppare le competenze del leader.

In sintesi, le competenze del leader sono fondamentali per il successo in qualsiasi contesto, dalla vita professionale alla vita personale. La comunicazione, la gestione del tempo, la pianificazione strategica, la risoluzione dei problemi e l' empatia sono solo alcune delle competenze che ogni leader deve possedere. Sviluppare queste competenze richiede tempo e dedizione, ma possono essere apprese attraverso l'esperienza, la formazione e l'apprendimento continuo. Nel prossimo capitolo, esploreremo gli stili di leadership e come scegliere quello giusto per ogni situazione.

Capitolo 3: Gli stili di leadership

Non tutti i leader utilizzano lo stesso stile di leadership. Gli stili di leadership possono variare a seconda della personalità del leader, della situazione e degli obiettivi dell'organizzazione. In questo capitolo, esamineremo gli stili di leadership più comuni e come scegliere quello giusto per ogni situazione.

Leadership autocratica: La leadership autocratica è un modello in cui il leader prende tutte le decisioni e fornisce istruzioni ai membri del team senza consultazione. Questo stile di leadership può essere efficace in situazioni in cui è necessaria una decisione rapida o in situazioni di crisi, ma può anche creare una cultura di sfiducia e di scarsa partecipazione tra i membri del team.

Leadership democratica: La leadership democratica è un modello in cui il leader coinvolge i membri del team nella presa di decisioni. Questo stile di leadership può essere efficace in situazioni in cui è necessario il coinvolgimento di tutti i membri del team, ma può anche rallentare la presa di decisioni e creare difficoltà in situazioni di crisi.

Leadership trasformazionale: La leadership trasformazionale è un modello in cui il leader ispira e motiva i membri del team a raggiungere obiettivi comuni. Questo stile di leadership può essere efficace in situazioni in cui è necessario il raggiungimento di obiettivi ambiziosi o in situazioni in cui è necessario il cambiamento culturale, ma richiede un alto livello di competenza nella comunicazione e nella motivazione.

Leadership di coaching: La leadership di coaching è un modello in cui il leader guida e supporta i membri del team, aiutandoli a raggiungere il loro pieno potenziale. Questo stile di leadership può essere efficace in situazioni in cui i membri del team hanno bisogno di sviluppare le proprie competenze e di acquisire esperienza, ma richiede anche una forte competenza nella comunicazione e nella gestione del tempo.

Come scegliere lo stile di leadership giusto: Scegliere lo stile di leadership giusto dipende dalla situazione e dagli obiettivi dell'organizzazione. Ad esempio, in situazioni di crisi, potrebbe essere necessario utilizzare uno stile di leadership autocratico, mentre in situazioni in cui è necessario il coinvolgimento di tutti i membri del team, potrebbe essere necessario utilizzare uno stile di leadership democratica. E' importante che il leader sia consapevole dei propri punti di forza e delle proprie debolezze e sappia scegliere lo stile di leadership giusto per ogni situazione.

In sintesi, gli stili di leadership possono variare a seconda della personalità del leader, della situazione e degli obiettivi dell'organizzazione. La scelta dello stile giusto dipende dalla situazione e dalla competenza del leader nella comunicazione, nella motivazione e nella gestione del tempo. Nel prossimo capitolo, esploreremo l'etica nella leadership e l'importanza di un comportamento etico per il successo dell'organizzazione.

Capitolo 4: Etica e leadership

L'etica è un fattore importante nella leadership. Un comportamento etico non solo è giusto e moralmente corretto, ma può anche aiutare a garantire il successo dell'organizzazione a lungo termine. In questo capitolo, esamineremo l'importanza dell'etica nella leadership e come sviluppare un comportamento etico.

Cosa significa etica nella leadership: L'etica nella leadership riguarda la responsabilità del leader nei confronti degli altri membri del team e dell'organizzazione in generale. Un leader etico deve avere un forte senso di responsabilità e di integrità e deve agire in modo giusto e giusto nei confronti degli altri membri del team.

Le conseguenze di un comportamento non etico: Un comportamento non etico da parte del leader può avere conseguenze negative per l'organizzazione, tra cui la perdita di reputazione, la perdita di clienti, la perdita di fiducia dei membri del team e, in alcuni casi, conseguenze legali.

Come sviluppare un comportamento etico: Sviluppare un comportamento etico richiede impegno e costanza. Un leader deve essere consapevole dei propri valori e delle proprie credenze e deve aderire a un codice di condotta etico. Ciò include la comunicazione trasparente e l'assunzione di responsabilità per le proprie azioni.

Il ruolo della comunicazione nella leadership etica: La comunicazione è una componente fondamentale dell'etica nella leadership. Un leader deve essere in grado di comunicare in modo chiaro e trasparente le proprie intenzioni e i propri valori ai membri del team. La comunicazione deve anche essere aperta ai feedback e alle preoccupazioni degli altri membri del team.

In sintesi, l'etica è un fattore importante nella leadership. Un comportamento etico non solo è giusto e moralmente corretto, ma può anche aiutare a garantire il successo dell'organizzazione a lungo termine. Sviluppare un comportamento etico richiede impegno e costanza, ma può aiutare a costruire una cultura di fiducia e di integrità all'interno dell'organizzazione. Nel prossimo capitolo, esploreremo la leadership in situazioni di crisi e come gestire efficacemente le situazioni di emergenza.

Capitolo 5: Leadership in situazioni di crisi

Le situazioni di crisi possono essere impegnative e stressanti per qualsiasi organizzazione. In queste situazioni, è fondamentale avere un leader che sia in grado di gestire la situazione in modo efficace e di mantenere la calma. In questo capitolo, esamineremo come gestire efficacemente le situazioni di emergenza e come sviluppare la leadership in situazioni di crisi.

Come prepararsi per le situazioni di crisi: Prepararsi per le situazioni di crisi richiede tempo e dedizione. Un leader deve sviluppare un piano d'azione per gestire le situazioni di emergenza e preparare il team attraverso l'addestramento e la formazione.

Gestione delle situazioni di crisi: La gestione delle situazioni di crisi richiede un alto livello di competenza nella comunicazione e nella gestione del tempo. Un leader deve essere in grado di prendere decisioni rapide e basate sui dati, di comunicare in modo chiaro e trasparente ai membri del team e di mantenere la calma in situazioni stressanti.

Comunicazione efficace in situazioni di crisi: La comunicazione efficace è fondamentale in situazioni di crisi. Un leader deve essere in grado di comunicare in modo chiaro e trasparente ai membri del team, ai clienti e agli stakeholder esterni. La comunicazione deve anche essere tempestiva e precisa, in modo da ridurre la diffusione di false informazioni o di panico.

Sviluppo della resilienza: Sviluppare la resilienza è un fattore chiave nella leadership in situazioni di crisi. La resilienza permette al leader di adattarsi alle situazioni in cambiamento, di mantenere la calma e di continuare a spingere avanti anche in situazioni difficili.

Come sviluppare la leadership in situazioni di crisi: Sviluppare la leadership in situazioni di crisi richiede impegno e costanza. Ci sono molte risorse disponibili, come i corsi di formazione, i simulacri di emergenza e i manuali di crisi, che possono aiutare a sviluppare la leadership in situazioni di crisi. Inoltre, l'esperienza in situazioni di crisi può essere un'opportunità per migliorare le proprie competenze di leadership.

In sintesi, la gestione delle situazioni di crisi richiede un alto livello di competenza nella comunicazione, nella gestione del tempo e nella resilienza. Sviluppare la leadership in situazioni di crisi richiede impegno e costanza, ma può aiutare a garantire il successo dell'organizzazione in situazioni difficili. Nel prossimo capitolo, esploreremo la leadership attraverso la diversità e l'inclusione.

Capitolo 6: Leadership attraverso la diversità e l'inclusione

La diversità e l'inclusione sono fattori importanti nella leadership. Un ambiente di lavoro diversificato e inclusivo può aiutare a creare una cultura di innovazione e di successo. In questo capitolo, esamineremo l'importanza della diversità e dell'inclusione nella leadership e come sviluppare una cultura di inclusione.

Cosa significa diversità e inclusione nella leadership: La diversità nella leadership riguarda la presenza di persone di diversi background, esperienze e punti di vista all'interno dell'organizzazione. L'inclusione riguarda la creazione di un ambiente di lavoro in cui tutte le persone si sentono rispettate e valorizzate.

I vantaggi della diversità e dell'inclusione: Un ambiente di lavoro diversificato e inclusivo può aiutare a creare una cultura di innovazione e di successo. La diversità e l'inclusione possono anche migliorare la creatività, la produttività e la soddisfazione del lavoro.

Come sviluppare una cultura di inclusione: Sviluppare una cultura di inclusione richiede un impegno costante. Ci sono molte risorse disponibili, come i corsi di formazione sulla sensibilizzazione culturale e l'educazione sulla diversità, che possono aiutare a sviluppare una cultura di inclusione. Inoltre, i leader possono creare un ambiente di lavoro in cui tutte le persone si sentono rispettate e valorizzate, e promuovere attivamente la diversità attraverso il reclutamento e la promozione.

Gestione della diversità e dell'inclusione: Gestire la diversità e l'inclusione richiede una forte competenza nella comunicazione e nella gestione del conflitto. I leader devono essere in grado di comunicare in modo chiaro e trasparente ai membri del team e di risolvere i conflitti in modo efficace.

Come promuovere la diversità e l'inclusione: Promuovere la diversità e l'inclusione richiede un impegno costante. Ci sono molte azioni che i leader possono intraprendere per promuovere la diversità e l'inclusione, come il reclutamento attivo di candidati diversificati e l'implementazione di politiche di lavoro flessibili.

In sintesi, la diversità e l'inclusione sono fattori importanti nella leadership. Un ambiente di lavoro diversificato e inclusivo può aiutare a creare una cultura di innovazione e di successo. Sviluppare una cultura di inclusione richiede un impegno costante e una forte competenza nella comunicazione e nella gestione del conflitto. Nel prossimo capitolo, esploreremo la leadership attraverso il cambiamento e l'importanza di un approccio basato sulla flessibilità.

Capitolo 7: Leadership attraverso il cambiamento

La capacità di gestire il cambiamento è una competenza importante nella leadership. In un mondo in costante evoluzione, le organizzazioni devono adattarsi rapidamente ai cambiamenti per rimanere competitive. In questo capitolo, esamineremo l'importanza della leadership attraverso il cambiamento e come sviluppare una cultura di flessibilità.

Come gestire il cambiamento: Gestire il cambiamento richiede una forte competenza nella comunicazione e nella gestione del tempo. Un leader deve essere in grado di comunicare in modo chiaro e trasparente le ragioni per il cambiamento e di coinvolgere il team nel processo decisionale.

Gestione del rischio: La gestione del rischio è un fattore importante nella gestione del cambiamento. Un leader deve essere in grado di identificare i rischi associati al cambiamento e di sviluppare strategie per mitigarli.

Importanza della flessibilità: La flessibilità è un fattore chiave nella gestione del cambiamento. Un leader deve essere in grado di adattarsi rapidamente ai cambiamenti e di modificare i piani di azione in base alle esigenze dell'organizzazione.

Sviluppo di una cultura di flessibilità:
Sviluppare una cultura di flessibilità
richiede un impegno costante. I leader
devono essere disposti ad adottare nuove
tecnologie, nuovi processi e nuove idee
per adattarsi al cambiamento.

Come sviluppare la leadership attraverso
il cambiamento: Sviluppare la leadership
attraverso il cambiamento richiede
impegno e costanza. Ci sono molte
risorse disponibili, come i corsi di
formazione sulla gestione del
cambiamento e la consulenza aziendale,
che possono aiutare a sviluppare le
competenze necessarie per gestire il
cambiamento.

In sintesi, la capacità di gestire il
cambiamento è una competenza
importante nella leadership. Gestire il
cambiamento richiede una forte
competenza nella comunicazione, nella
gestione del rischio e nella flessibilità.
Sviluppare una cultura di flessibilità
richiede un impegno costante e una
volontà di adottare nuove tecnologie,
nuovi processi e nuove idee. Nel
prossimo capitolo, esploreremo la
leadership attraverso la creatività e
l'importanza di un ambiente di lavoro
stimolante.

Capitolo 8: Leadership attraverso la creatività

La creatività è un fattore importante nella leadership. Un ambiente di lavoro creativo può aiutare a creare una cultura di innovazione e di successo. In questo capitolo, esamineremo l'importanza della creatività nella leadership e come sviluppare un ambiente di lavoro stimolante.

Cosa significa creatività nella leadership: La creatività nella leadership riguarda la capacità di trovare nuove soluzioni ai problemi e di sviluppare nuove idee. Un leader creativo deve avere una mente aperta e una forte curiosità.

I vantaggi della creatività: Un ambiente di lavoro creativo può aiutare a creare una cultura di innovazione e di successo. La creatività può anche migliorare la produttività e la soddisfazione del lavoro.

Come sviluppare un ambiente di lavoro stimolante: Sviluppare un ambiente di lavoro stimolante richiede un impegno costante. Ci sono molte azioni che i leader possono intraprendere per sviluppare un ambiente di lavoro creativo, come la promozione della collaborazione e della diversità di pensiero.

Come sviluppare la creatività: Sviluppare la creatività richiede un impegno costante e una mente aperta. Ci sono molte risorse disponibili, come i corsi di formazione sulla creatività e la consulenza aziendale, che possono aiutare a sviluppare la creatività.

Il ruolo della comunicazione nella leadership attraverso la creatività: La comunicazione è un fattore importante nella leadership attraverso la creatività. Un leader deve essere in grado di comunicare in modo chiaro e trasparente le proprie idee e di incoraggiare gli altri membri del team a contribuire con le proprie idee.

Come promuovere la collaborazione: Promuovere la collaborazione è un fattore importante nella leadership attraverso la creatività. Un leader deve essere in grado di creare un ambiente di lavoro in cui le persone si sentono libere di esprimere le proprie idee e di collaborare per trovare soluzioni ai problemi.

In sintesi, la creatività è un fattore importante nella leadership. Sviluppare un ambiente di lavoro stimolante e promuovere la collaborazione può aiutare a creare una cultura di innovazione e di successo. Sviluppare la creatività richiede un impegno costante e una mente aperta. Nel prossimo capitolo, esploreremo la leadership attraverso l'empowerment e l'importanza di dare potere al team.

Capitolo 9: Leadership attraverso l'empowerment

L'empowerment del team è un fattore importante nella leadership. Dare potere al team può aiutare a creare una cultura di responsabilità e di autonomia. In questo capitolo, esamineremo l'importanza dell'empowerment nella leadership e come sviluppare una cultura di empowerment.

Cosa significa empowerment nella leadership: L'empowerment nella leadership riguarda la creazione di un ambiente di lavoro in cui le persone si sentono libere di prendere decisioni e di assumersi la responsabilità per il loro lavoro. Un leader deve essere in grado di delegare compiti e responsabilità in modo efficace e di dare ai membri del team l'autonomia necessaria per prendere decisioni.

I vantaggi dell'empowerment: L'empowerment del team può aiutare a creare una cultura di responsabilità e di autonomia. Inoltre, può migliorare la produttività e la soddisfazione del lavoro.

Come sviluppare una cultura di empowerment: Sviluppare una cultura di empowerment richiede un impegno costante. I leader devono essere in grado di delegare compiti e responsabilità in modo efficace e di creare un ambiente di lavoro in cui le persone si sentono libere di prendere decisioni e di assumersi la responsabilità per il loro lavoro.

Il ruolo della comunicazione nell'empowerment: La comunicazione è un fattore importante nell'empowerment del team. Un leader deve essere in grado di comunicare in modo chiaro e trasparente le aspettative e di fornire feedback regolare per aiutare i membri del team a migliorare.

Come sviluppare la fiducia nel team: Sviluppare la fiducia nel team è un fattore importante nell'empowerment. Un leader deve essere in grado di fornire sostegno e di creare un ambiente di lavoro in cui le persone si sentono libere di esprimere le proprie opinioni e di contribuire con le proprie idee.

Come gestire i rischi nell'empowerment: Gestire i rischi nell'empowerment richiede una forte competenza nella gestione del conflitto e nella gestione del rischio. Un leader deve essere in grado di identificare i rischi associati all'empowerment e di sviluppare strategie per mitigarli.

In sintesi, l'empowerment del team è un fattore importante nella leadership. Sviluppare una cultura di empowerment richiede un impegno costante e una capacità di delegare compiti e responsabilità in modo efficace. La comunicazione, la fiducia e la gestione del rischio sono anche fattori importanti nell'empowerment del team. Nel prossimo capitolo, esploreremo la leadership attraverso la resilienza e l'importanza di saper affrontare la sfida.

Capitolo 10: Leadership attraverso la resilienza

La resilienza è un fattore importante nella leadership. Essere in grado di affrontare le sfide e di superare gli ostacoli può aiutare a creare una cultura di successo. In questo capitolo, esamineremo l'importanza della resilienza nella leadership e come sviluppare una cultura di resilienza.

Cosa significa resilienza nella leadership: La resilienza nella leadership riguarda la capacità di affrontare le sfide e di superare gli ostacoli. Un leader resiliente deve avere una forte mentalità e la capacità di adattarsi rapidamente alle situazioni in evoluzione.

I vantaggi della resilienza: La resilienza può aiutare a creare una cultura di successo. Inoltre, può migliorare la produttività e la soddisfazione del lavoro.

Come sviluppare una cultura di resilienza: Sviluppare una cultura di resilienza richiede un impegno costante. I leader devono essere in grado di creare un ambiente di lavoro in cui le persone si sentono libere di esprimere le proprie preoccupazioni e di affrontare le sfide insieme come un team.

Come sviluppare la resilienza: Sviluppare la resilienza richiede un impegno costante e una forte mentalità. Ci sono molte risorse disponibili, come i corsi di formazione sulla resilienza e la consulenza aziendale, che possono aiutare a sviluppare la resilienza.

Il ruolo della comunicazione nella leadership attraverso la resilienza: La comunicazione è un fattore importante nella leadership attraverso la resilienza. Un leader deve essere in grado di comunicare in modo chiaro e trasparente le sfide e di coinvolgere il team nel processo decisionale.

Come promuovere l'adattabilità: Promuovere l'adattabilità è un fattore importante nella leadership attraverso la resilienza. Un leader deve essere in grado di adattarsi rapidamente alle situazioni in evoluzione e di modificare i piani di azione in basc alle esigenze dell'organizzazione.

In sintesi, la resilienza è un fattore importante nella leadership. Sviluppare una cultura di resilienza richiede un impegno costante e una capacità di affrontare le sfide insieme come un team. La comunicazione, la promozione dell'adattabilità e lo sviluppo della resilienza sono anche fattori importanti nella leadership attraverso la resilienza. Nel prossimo capitolo, esploreremo la leadership attraverso la motivazione e l'importanza di motivare il team.

Capitolo 11: Leadership attraverso la motivazione

La motivazione del team è un fattore importante nella leadership. Un team motivato può aiutare a creare una cultura di produttività e di successo. In questo capitolo, esamineremo l'importanza della motivazione nella leadership e come motivare il team.

Cosa significa motivazione nella leadership: La motivazione nella leadership riguarda la capacità di ispirare e di motivare il team a raggiungere gli obiettivi dell'organizzazione. Un leader motivato deve avere una forte passione e una capacità di comunicare in modo efficace le aspettative.

I vantaggi della motivazione: Un team motivato può aiutare a creare una cultura di produttività e di successo. La motivazione può anche migliorare la soddisfazione del lavoro e ridurre il turnover.

Come motivare il team: Motivare il team richiede un impegno costante. I leader devono essere in grado di riconoscere e di premiare il lavoro ben fatto e di fornire feedback regolare per aiutare i membri del team a migliorare.

Il ruolo della comunicazione nella leadership attraverso la motivazione: La comunicazione è un fattore importante nella leadership attraverso la motivazione. Un leader deve essere in grado di comunicare in modo chiaro le aspettative e di fornire feedback regolare per aiutare i membri del team a migliorare.

Come promuovere la collaborazione: Promuovere la collaborazione è un fattore importante nella leadership attraverso la motivazione. Un leader deve essere in grado di creare un ambiente di lavoro in cui le persone si sentono libere di esprimere le proprie idee e di collaborare per raggiungere gli obiettivi dell'organizzazione.

Come promuovere la formazione e lo sviluppo del team: Promuovere la formazione e lo sviluppo del team è un fattore importante nella leadership attraverso la motivazione. Un leader deve essere in grado di identificare le esigenze di formazione del team e di fornire risorse per aiutare i membri del team a sviluppare le proprie competenze.

In sintesi, la motivazione del team è un fattore importante nella leadership. Motivare il team richiede un impegno costante e una capacità di comunicare in modo efficace le aspettative e di fornire feedback regolare. La comunicazione, la promozione della collaborazione e lo sviluppo della formazione del team sono anche fattori importanti nella leadership attraverso la motivazione.

CONCLUSIONE

In questo libro abbiamo esaminato l'importanza della leadership e come sviluppare le competenze necessarie per diventare un leader efficace. Abbiamo esplorato i vari aspetti della leadership, tra cui la comunicazione, la delega, la motivazione e la creatività. Abbiamo anche esaminato l'importanza della resilienza, dell'empowerment e della gestione del cambiamento nella leadership.

Essere un leader efficace richiede impegno costante e una volontà di adattarsi alle situazioni in evoluzione. Sviluppare le competenze di leadership richiede tempo e dedizione, ma i vantaggi possono essere enormi. Un leader efficace può aiutare a creare una cultura di successo, di produttività e di soddisfazione del lavoro.

Infine, abbiamo visto che la leadership è un'arte e una scienza. Un leader deve avere una forte conoscenza degli aspetti tecnici dell'organizzazione e una forte capacità di comunicare e di motivare il team. Un leader efficace deve anche essere in grado di adattarsi rapidamente alle situazioni in evoluzione e di gestire il cambiamento con successo.

In sintesi, la leadership è un'abilità cruciale per il successo dell'organizzazione e può essere sviluppata attraverso l'esperienza, la formazione e l'attenzione costante alle esigenze del team. Speriamo che questo libro ti abbia fornito le informazioni e le risorse necessarie per sviluppare le competenze di leadership e diventare un leader efficace nella tua organizzazione.

RINGRAZIAMENTI

Ringraziamo per averci scelto come guida nella tua ricerca di miglioramento personale e professionale. Siamo fiduciosi che le informazioni e le risorse presentate in questo libro ti aiuteranno a diventare un leader efficace e di successo.

Ti invitiamo a mettere in pratica le competenze acquisite e a continuare a cercare nuovi modi per sviluppare le tue abilità di leadership. Non dimenticare mai che la leadership è un processo continuo di apprendimento e di miglioramento.

Infine, ricorda che il successo dell'organizzazione dipende in gran parte dalla qualità della leadership. Investire nelle competenze di leadership non solo ti aiuterà a raggiungere i tuoi obiettivi, ma anche a creare un ambiente di lavoro positivo e produttivo per il tuo team. Sii un leader efficace e continua a ispirare il tuo team a raggiungere nuovi traguardi. Grazie per aver letto questo libro.

Crafty Ink   **Manolo**

www.ingramcontent.com/pod-product-compliance
Lightning Source LLC
Chambersburg PA
CBHW071145220526
45467CB00015B/1981